DAS BUCH

»Personaleingang – personnel input«. »Mitarbeitertoilette – stuff only«. »Hörnchen – Squirrel«. »Kaiserschmarrn – Emperors's Nonsens«. Und dann auch noch ein »Kaffee to no go« ... Verstehen Sie auch nur Bahnhof? Und was um Himmels willen sind die »Speis Girls«, eine »Snackkraft«, eine »gerupfte Sau«, ein »God Spot« oder Geschäfte mit Namen wie »Bad Design« oder »Back Factory«? Nach seinen beiden Bestseller-Bänden über deutsch-englische Sprachverwirrungen legt Autor Peter Littger nun ein Bilderbuch vor: über den oft brüllend komischen deutsch-englischen Sprachmix im öffentlichen Raum. Warum noch viele Worte verlieren, wenn das Kauderwelsch für sich selbst spricht? Auf Schildern und in Schaufenstern. Auf Verpackungen, Speisekarten und in der Werbung. Auf Autos, in Bahnhöfen und an Flughäfen. Peter Littger hat sich auf die Reise begeben durch Denglisch-Land, und er hat viel gestaunt und noch mehr gelacht. Jetzt präsentiert und kommentiert er in »Lost in Trainstation – Wir versteh'n nur Bahnhof« seine Lieblingsfundstücke aus unseren Sprachalltag, der längst kein deutscher mehr ist ... You will see!

DER AUTOR

Peter Littger, geboren 1973 in Aachen, ist ein genauer Beobachter der englischen Sprache im deutschen Sprachraum – und umgekehrt. Er besuchte ein britisches Internat und studierte in Berlin und London. Er war u. a. Redakteur der *ZEIT* und ein Gründungsredakteur des Magazins *Cicero*. Heute ist er »Der Denglische Patient« und verfasst Kolumnen für *n-tv.de* sowie Videokolumnen für *Spiegel Online*. Als Berater, Coach und Vortragsgast unterstützt er die interkulturelle Kommunikation von Unternehmen im deutschen und englischen Sprachraum. Und als Juror im »Bundeswettbewerb Fremdsprachen« engagiert er sich für die Förderung von Schülern. Seine Buchreihe »The devil lies in the detail – Lustiges und Lehrreiches über unsere Lieblingsfremdsprache« (KiWi 1413 und 1477) führte viele Wochen die Bestsellerlisten an.

#lostintrainstation
Instagram Der Denglische Patient: DerDenglischePatient @denglishpatient
Twitter Der Denglische Patient: DerDenglische Patient @fluentenglish
www.littger.com   peter@littger.com

Peter Littger

Lost in Trainstation
Wir versteh'n nur Bahnhof

English made in Germany –
das Bilderbuch

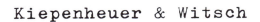

Kiepenheuer & Witsch

Verlag Kiepenheuer & Witsch, FSC®-N001512

1. Auflage 2018

© 2018, Verlag Kiepenheuer & Witsch, Köln
Alle Rechte vorbehalten. Kein Teil des Werkes darf in irgendeiner
Form (durch Fotografie, Mikrofilm oder ein anderes Verfahren)
ohne schriftliche Genehmigung des Verlages reproduziert oder
unter Verwendung elektronischer Systeme verarbeitet,
vervielfältigt oder verbreitet werden.
Das Cover wurde von Barbara Thoben gestaltet. Die Idee hierzu wurde
dem von Felder KölnBerlin entworfenen Layout des Innenteils entnommen.
Gesetzt aus der Trade Gothic, Biro Script, Olivetti und der Prestige Elite
Gestaltung Innenteil und Satz: Felder KölnBerlin
Druck und Bindung: CPI books GmbH, Leck
ISBN 978-3-462-05167-4

Für Frederick

VORWORT Ein Verwirrspiel der Extraklasse

Wenn's ums Essen geht, behaupten wir gerne, das Auge esse mit. In diesem Bilderbuch können Sie sehen, dass es um unsere Lieblingsfremdsprache ganz ähnlich bestellt ist: Das Auge spricht mit, wenn wir Englisch sprechen - oder es wenigstens versuchen ...

Ich denke zunächst an ganz gewöhnliche Augenblicke ohne Pannen und Missverständnisse, ohne Situationskomik oder irgendeinen Witzbold dahinter. Wenn ich bei „McParking" parke - wo früher nur ein Parkplatz war. Wenn an der Tankstelle über der Waschanlage „Car Wash" steht. Wenn der Schlussverkauf „Sale" heißt, das Antiquitätengeschäft auf „Vintage" macht oder am Straßenrand wieder ein „Drive-in" lockt. Kurz gesagt: Wenn ich zu Hause in Deutschland bin, aber mit Deutsch alleine nicht mehr weiterkomme.

Es erfordert keine größeren Anstrengungen, um den Einfluss der englischen Sprache auf unseren Alltag zu sehen. Wer mit offenen Augen durchs öffentliche Leben geht, erkennt im Vorbeigehen, wie englisch es geworden ist. Auf Straßen und Plätzen, in Geschäften und Hotels. Im Westen wie im Osten, im Norden wie im Süden. Hier eröffnet ein „Rewe to go", dort eine „Cocktail Lounge" oder ein „Steak House". In den meisten Städten - seien sie noch so klein - gibt es „Internetshops" und „Sexshops", „Fashion Malls" und „Outlet Stores". Und dann sind da noch die Flughäfen und die vielen tollen Bahnhöfe - die wahrscheinlich größten Übungsflächen für unseren zweisprachigen Ehrgeiz. Wir gehen dort nicht mehr auf die „Toilette", sondern ins „WC Center" oder zu „Rail & Fresh WC".

Egal, wohin ich schaue - überall entdecke
ich deutsch-englisches Kauderwelsch. Ein
Paradebeispiel ist der „Coffee to go", der
schon längst nicht mehr alleine angeboten
wird. Zur Wahl stehen auch „Kaffee to go",
„Coffee zum Mitnehmen", „Kaffee go",
„Coffee to stay", „Cafe togo" oder, wie bei
mir in Berlin-Schöneberg um die Ecke, ein
„Coffee to no go" - wo auch immer der hin-
führen mag.

Oft geben wir englischen Wörtern und
Redensarten den Vorzug vor unserer Muttersprache - vielleicht weil sie flotter

klingen, cooler aussehen und weltoffener
wirken. Und vielleicht auch, weil sie ein
Gefühl von Sicherheit verbreiten: etwas
ausdrücken zu können, was in unserer
eigenen Sprache unmöglich, weniger leicht
oder womöglich zu direkt wäre. Doch was
lässig und mit fremden Wörtern garniert
daherkommt, ist nicht automatisch sinn-
voller. An diesem Punkt ähnelt die Sprach-
kultur tatsächlich der Esskultur - denn was
lecker aussieht, ist ja auch nicht automatisch gesund. Aber das Sichtbare genießt
nun einmal große Autorität! Und so kann
es passieren, dass in unserem Sprachzentrum
Wortbilder hängen bleiben, die wir nicht
mehr loswerden - ganz gleich wie unsinnig
und irreführend sie in Wahrheit sind.

Genau diese Momente der alltäglichen Sprachverwirrung sind es, die mich interessieren
und faszinieren. Und die meinen Blick
seit Jahren anlocken: wenn die Sprachen
ineinanderfließen und ich mir angesichts
einer „Back Factory" oder eines „Handy
Agent" mal wieder die Frage stelle: Ist das

eigentlich schon Englisch – oder noch Deutsch?

So schwierig es ist, diese Frage zu beantworten, so sehr verdeutlicht sie die Unsicherheit, die der ganz normale und banale Sprachmix in uns auslöst. Der Verwunderung sind keine Grenzen gesetzt! Denken Sie nur an Geschäfte, die „Bad Design" heißen. An die „Bio Company", die mit dem konfusen Satz „Take bio, go lucky" wirbt. (Verständlich wäre „Buy organic, be happy.") An die Sportkneipen, die „Life"-

Berichterstattung anbieten. Oder an all die Fotografen, die „Baby Shootings" oder gleich ganze „Familien Shootings" im Angebot haben.

Wer wie ich einmal diesen Blickwinkel eingenommen hat, entdeckt viele rätselhafte Botschaften. Auf Warnschildern, Straßenschildern und sogar auf Autonummernschildern. Auf Produkten, in Geschäftsnamen und Sonderangeboten. Da lockt ein Geschäft mit „Late Night Schoppen", das andere mit „Heimat Shoppen". Da steht über einer Kneipe in Freiburg „Come inn" und über vielen Friseurgeschäften im ganzen Land „Kamm in". Da nennt sich eine Werkstatt „KFZ repairs

service", eine andere „Oldtimer Garage" - und nichts davon ist verkehrsübliches Englisch. Oder Deutsch. Gäbe es so etwas wie eine Sprachverkehrsordnung, könnte man dieses Buch auch als eine Art unterhaltsames Sündenregister verstehen: mit Verstößen, die mal misslungen und blödsinnig, mal gelungen und originell sind.

Wie nah Kreativität und kreatives Koma, Kongenialität und K.o. beieinanderliegen, zeigt alleine das verbreitete Spiel mit den englischen Wörtern „fair" und „air": Manche Unternehmen suggerieren auf - wie ich finde - plumpe Weise Fairness, indem sie sich „Fairwaltungsgesellschaft" nennen oder Wohnungen zur „Fairmietung" anbieten. Andererseits gefallen mir die „Sanitätair" und „Einweisair", die sich auf dem Flughafen in Salzburg tummeln, so wie ich auch den Namen eines Freiluftkonzerts in Leipzig mag: „Klassik airleben".

Alles in allem ist „Lost in Trainstation - wir versteh'n nur Bahnhof" ein Bilderbuch über ein Verwirrspiel der Extraklasse. Viele Botschaften leben von einer gewissen Unschärfe und Unklarheit. Andere spielen mit Mehrdeutigkeiten und Andeutungen. Wann Unwissen im Spiel ist und wann Nachlässigkeit, bleibt oft ungewiss. Fest steht: Selbst internationale Unternehmen verewigen sich für jeden sichtbar mit schrägen englischen Phrasen vom Typ „Please go through" (Eurowings), „We separate for you" (Deutsche Bahn), „Call & Surf via Funk" (Deutsche Telekom).

Wenn dieses Spiel nicht aus Versehen, sondern absichtlich inszeniert wird, nutzt es übrigens einen beliebten Effekt der Werbung: Der Betrachter wird gezwungen, erklärungsbedürftige Botschaften zu entschlüsseln. Die Lösung dient als Belohnung. Im schönsten Fall gibt es einen Witz gratis: So wie der „Neid Rider", mit dem Peugeot und Sixt geworben haben. Oder der Slogan „We kehr for you" der Berliner Stadtreinigung von 1999. Er ist der für mich größte Klassiker der Sprachverwirrung. Er fand sogar Eingang in Schulbücher zum Themenkomplex Medien und Sprache.

Wir sehen also: Der deutsch-englische Sprachmix nimmt nicht nur einen immer größeren Raum in unserer Öffentlichkeit ein. Er hat auch die Kraft, unser Sprachbewusstsein zu verändern, wenn sich Begriffe in unseren Wortschatz schleichen, die wir öffentlich wahrnehmen. Zum Beispiel „Lounge" statt Aufenthaltsbereich und „DB Lounge" statt Wartesaal. Auf diese Weise spricht das Auge tatsächlich mit. Das gilt umso mehr, wenn wir unsere Lieblingsfremdsprache sprechen: Da wird der öffentliche Raum zum Klassenzimmer, und das Kauderwelsch zur Englischstunde der besonders trickreichen Art.

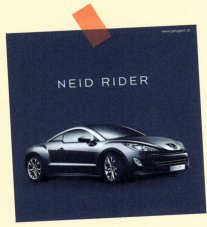

Alles in allem möchte ich Ihren Blick mit diesem Buch auf eine sehr spezielle Ausdrucksform unserer Kultur lenken. Sie entwickelt sich ständig weiter, und je mehr eigenwillige Varianten wir hervorbringen, desto mehr gibt es zu staunen, zu rätseln und nicht selten auch zu lachen. Das Kauderwelsch kann schließlich sehr lustig sein. Wenn etwa auf dem Oktoberfest in München „Emperor's Nonsense" als Kaiserschmarren serviert wird. Wenn ein Leipziger Bäcker seine Hörnchen als „Squirrels" feilbietet. Wenn ein Frankfurter Kaufhaus „Joking Hosen" auf der Stange hat. Oder wenn die Berliner Stadtreinigung ihre Mülleimer mit „Star Dreck" beschriftet.

Sollte es mir auf den folgenden Seiten gelingen, Sie zu erheitern und zugleich für ein wenig sprachliche Aufklärung zu sorgen, dann wäre das - um es in den Worten einer deutschen Klopapiermarke zu sagen - ein schönes „Happy End"!

Berlin, im August 2018

Toles Angbot

Geat offeing: ENGISH!

20% of. Cambridge InstitutE

Hut oder Hütte?

18

Ein Klassiker deutsch-englischer
Sprachverwirrung – und längst ein
alter Hut! Oder was soll das rote Ding
auf jeder „Pizza Hut"-Filiale sein?
Lange hielt ich es für einen Schlapp-
hut, bis mir erklärt wurde, dass es
eine Hütte darstellen soll. Also
Englisch: a hut. Allerdings mit einem
Dach, das ausgerechnet geformt ist
wie ein Hut! So entstand eine doppelte
Bedeutung, die nur deutschsprachige
Menschen verstehen – obwohl ich mich
auch als Amerikaner schon längst
gefragt hätte, ob die Pizzabuden nicht
viel besser „Pizza Hat" heißen sollten
...

Papier fürs Geschäft

Auf diese Idee muss man erst mal kommen:
den eigenen Kunden ein glückliches
Ende für den Stuhlgang anzupreisen!
Weil im Englischen generell von „Happy
Ending" (nicht von „Happy End") die
Rede ist, erkennen wir sofort, wer mit
diesem Klospruch Geld verdient: eine
Supermarktkette aus Deutschland – und
zwar die mit dem englischen Namen
„Penny".

Heller Wahnsinn

Was kann denn das helle Bier dafür, dass es nach dem österreichischen Dörfchen Fucking benannt wird? Dort verschwinden übrigens regelmäßig die Ortseingangs-schilder. Die Fuckinger sagen dann immer: „Ach, die Amerikaner!"
Ich tippe eher auf die Engländer ...

To stop or to not stop ...

... das ist hier die Frage! Dass die Kreissäge am Ende mehrere Kollegen zerteilt und niemand den Notknopf betätigt hat, liegt wohl daran, dass keiner der Kollegen Deutsch sprach.

At the end of the day

Eigentlich soll die Bergbahn der Burg Hohenwerfen im Salzburger Land abends um sieben nur den Tag beenden - doch für die englischsprachigen Gäste geht sie jeden Abend um sieben in Konkurs ...

Don't know much about biology

Ich will hier nicht das Konsumverhalten

urbaner Mitmenschen infrage stellen,

denen die „Einkaufsgenossenschaft der

Kolonialwarenhändler im Halleschen Torbezirk zu Berlin" (kurz EDEKA) zu konventionell ist und die lieber in der „Bio Company" einkaufen. Doch ob sie sich schon einmal überlegt haben, wofür das steht? Um es kurz zu machen: „Bio" ist im Englischen eine Biografie. Eine „Bio Company" könnte also mit Lebensläufen handeln. „Bio" ist auch etwas Lebendiges. Dann wäre es gewissermaßen ein Lebendmittelmarkt. Gängig sind im Englischen die Bezeichnungen „Organic grocery" (britisch) oder „Organic Store" (US). Doch ob eine nach Organhandel klingende „Organic Company" das Richtige wäre ...?

Nackt-schwärmer

Det is Berlin: eine Schwulenbar in Berlin-Schöneberg, die ihr Abendprogramm lieber in englischer Sprache tarnt.

s for sale

Rechtschreibreform meets English - und ich fresss 'nen Besen, wenn man in diesem Shop nicht tütenweise Buchstaben kaufen kann ...

Schildbürger-Sammelstelle

Worte, die die Augen flimmern lassen!
Nach einer Konferenz der Deutsch-
Amerikanischen Handelskammer in
München ging es nicht um den guten
alten Namenstag. Man sollte bloß
sein „Namensschild" zurückgeben –
the name tag! Warum? Wahrscheinlich
Namensschildrecycling.

BREAK GLASS
IM NOTFALL

NOTAUSGA

Glasklar

Im Ostseebad Kühlungsborn bemüht man
sich um internationales Flair und
entwickelt sich vorbildlich zwei-
sprachig. Auf dieser Scheibe lernen
wir – völlig korrekt –, dass „Glas" im
Englischen mit doppeltem s geschrieben
wird – und dass „Scheibe einschlagen"
nicht etwa „smash window" heißt,
sondern eben „break glass". Selbstverständlich nur im Notfall!

Gute Verbesserung!

Welcome to the University Hospital Göttingen

We wish you a pleasant stay and a good improvement!

Wer sich vom Krankenhausaufenthalt ein bisschen mehr erhofft, als bloß gesund zu werden, der sollte die Uniklinik in Göttingen besuchen. Dort liest sich der offizielle englischsprachige Genesungswunsch sinngemäß nämlich so: „Verbessern Sie sich!" Oder – als wäre der Mensch eine Maschine: „Wir wünschen Ihnen mehr Leistungsfähigkeit!" Wer es menschlicher mag, sagt: „Get well soon!" Auf dem Monitor der Klinik könnte auch stehen: „Wishing you a speedy recovery." Klingt flapsig, wäre aber angemessen freundlich.

Trendy Town

Englisch in zackiger Frakturschrift!
Das ist ganz normal auf den Häusern
des mittelalterlichen Städtchens
Dinkelsbühl in Mittelfranken – das
übrigens über seine trendigen Läden
hinaus einen Abstecher wert ist!

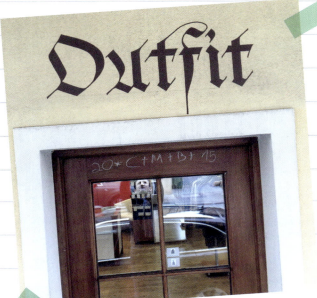

Elektronik

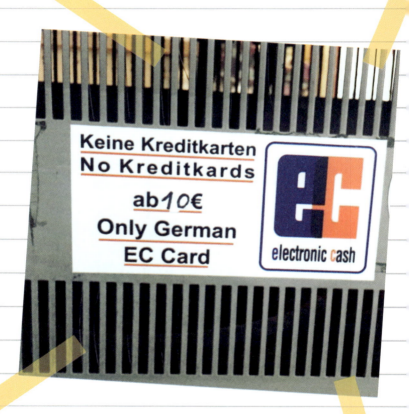

Käschflo

Die EC-Karte ist so deutsch wie das
Reinheitsgebot fürs Bier. Dabei ist
die (fast) nur in Deutschland gängige
„electronic cash Karte" längst Cash
von gestern. Sie heißt heute „maestro
card". So wird vielleicht bald an
dieser Essener Tankstelle zu lesen
sein: „Only German Mästrokards." Die
Zahlungsmethode ist ja egal, solange
der Käschflo stimmt.

Fehlanzeige?

Die Verkehrssprache in der Hamburger Hochbahn ist normalerweise Hochdeutsch. Es sei denn, es ist Weihnachten.

Kaiserlicher Schmarrn

Ob der Texter schon betrunken war? Oder vielleicht ein durchlauchter Witzbold? Auf jeden Fall hat er den Besuchern des Münchner Oktoberfestes 2017 einen großen Spaß aufgetischt. Auch „Apple mush" klingt übrigens mehr nach Google Translate als nach „apple purree".

Fluent Denglisch

Dieser Brunnen in einem österreichischen Schloss namens Ort zeigt, dass Englisch nicht so einfach ist, wenn es ums Wasser geht:

Süßwasser – fresh water

Salzwasser – sea water

Und Trinkwasser? Man sagt „potable water" oder „drinking water". Oder man warnt: „Not for drinking". Aber das hätte wohl nicht so gut auf dieses hübsche Schild gepasst.

Out of Nuremberg

Ein Gruppenbild mit vier Nürnberger Genussmenschen in ihren Outdoorklamotten. Ich möchte jetzt sofort weiterreisen: zur nächsten Indoor-Region.

Mahlzeit!

Bestimmt lecker, der Laden. Mir persönlich allerdings zu nah dran an „throw up".

Strick gefällig?

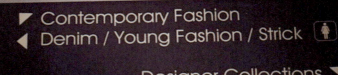

Miederwaren. Kurzwaren. Strick...

waren. Kein Fashion Victim von heute

kann mit solchen altmodischen Wörtern

noch etwas anfangen. Der Berliner

Konsumtempel KaDeWe hat das Wortfossil

„Strick" trotzdem im Angebot. Wofür?

Vielleicht für alle, die sich aus

lauter Verzweiflung über die Preise

den Strick nehmen wollen ...

Übrigens wäre die englische Über-

setzung von „Strickwaren" ebenso kurz:

„Knit(ware)".

Englisch im Gebäck

Citroni Schallen
@tjadummgelaufen

Aber sie haben's versucht
14:08 · 22. Juni 2017

♡ 7.506 💬 2.425 Nutzer sprechen darüber

Unsere Bäcker backen sich schon seit Langem ihre eigene Sprache. Mal aus Kartoffeln, mal aus Eichhörnchen.*

* Über diese eigenwillige Übersetzung eines Hörnchens haben viele Medien in Ost und West geschrieben, nachdem das Bild per Twitter viele tausend Male verbreitet worden war.

51

POLITIK

BUNDESTAGSWAHL 2017   IM TICKER: NACH DEM SCHEITERN VON JAMAIKA   ERGEBNISSE   ALLE WAHLKREISE

DEUTSCHLAND   PARTEITAG

Delegierter greift Merkel an – „machtgeil und unpatriotisch"

Stand: 17:49 Uhr | Lesedauer: 3 Minuten

POLITICS

BUNDESTAG ELECTION 2017   IN TICKER: AFTER THE FAILURE OF JAMAICA   RESULTS   ALL CONSTITUENCIES

GERMANY   PARTY

delegate attacks Merkel - "horny and unpatriotic"

Stand: 17:49 clock | Reading time: 3 minutes

52

Die Merkel-Masche

Der Browser Google Chrome hat's raus: Wenn alles immer so langweilig sein muss, was Frau Merkel sagt, dann kann man es ja wenigstens für die englischsprachigen Leser etwas „geiler" formulieren. Am Beispiel dieser Seite der *Welt* sehen wir, wie Google Translate Frau Merkels Worte ... wie darf ich sagen? Aufpimpt!

Don't pull my pork!

Mit dem Übersetzer dieses Angebots müssen wir wohl mal ein Hühnchen rupfen. Oder noch besser: eine Sau zupfen. Ich habe so einen Zupfbraten zum ersten Mal in meinem Leben im Süden der USA gegessen. Dort heißt er „pulled pork".

Personalkram

Was sich wohl hinter dieser Tür verbirgt? Reinigungszeug fürs Klo? Irgendein anderer Kram? Dann wäre ja alles okay. Sollte es sich allerdings um die Toilette für Mitarbeiterinnen handeln, bitte das „u" durch ein „a" austauschen: „Staff only".

Stadt Internet

Was offiziell eine Kampagne der Handelskammern ist, um die deutschen Innenstädte wiederzubeleben (die unter dem wachsenden Handel im Internet leiden), entpuppt sich zugleich als kleine Sprachphilosophie: So selbstverständlich wir alle „shoppen", so wenig lässt sich unser Begriff „Heimat" ins Englische übersetzen. Wir kaufen also etwas Urdeutsches, auf undeutsche Art formuliert.

Perfekte Arschbombe

Von wegen Beckenrand. Man kann auch arschbombenmäßig in die Google-Translate-Falle springen! Die Berliner Bäder hatten dieses Schild tatsächlich aufgehängt, bis es 2016 zum Hit im Netz wurde: weil „margin" der Rand einer Seite, nicht eines Beckens, ist. Ausführlich und verständlich ließe sich im Englischen warnen: „Don't jump off the edge!" Üblich ist allerdings ein Satz, der viel kürzer und einprägsamer ist: „No diving!"

Sprachunverträglichkeit

Wer das Restaurant „Tasty" am Prager Platz in Berlin besucht, muss Deutsch können, um mit gesundem Essen zu rechnen. Auf Englisch ist es hingegen nur ein Lockspruch für diejenigen, die eine saubere Küche suchen - zum Beispiel Vertreter des Gesundheitsamts. Verständlich wäre „healthy food".

Kantinenklone

Kommen am Karlsruher Institut für Technologie neuerdings Gäste aus einer Maschine? Ich tippe auf den Forschungsbereich Künstliche Intelligenz. Tatsächlich stehen wir nur vor einem Automaten, mit dem man Kantinenkarten aufladen kann, also „Plastic money". Eine verständliche Übersetzung könnte so lauten: „Please top up here."

Igitt!

Meine englischen Freunde ekeln sich jedes Mal, wenn sie diese Geschäfte in deutschen Städten sehen. Weil sie auf Würmer spezialisiert sind. Oder nicht?

Verfunkt

TELEKOM EMPFIEHLT

CALL & SURF COMFORT VIA FUNK
Highspeed surfen auch bei Ihnen Zuhause

Mehr erfahren

Neben einer Spaßwohnung („Fun Flat") wirbt die Deutsche Telekom auch schon lange mit „Comfort via Funk". Übersetzt: „Trost durch Schiss". Oder „... durch Gestank". Oder „... durch funky music". Wollen wir jetzt noch mehr erfahren? Wollen wir nicht!

Smashing!

Pfeffern Sie Ihren Müll auch immer mit viel Wumms in die Tonne? Dann ist dieser Eimer der richtige für Sie. In verständlichem Englisch ist der Wumms-Teil allerdings überflüssig: „Paper only!"

Wohin denken Sie!

Was „Closed!" - etwas formaler „No right of way" oder „No thoroughfare" - heißen müsste, liest sich hier wie „Ausgeschlossen - wo denken Sie hin?".

Endlich Neustart?

Dass ein Automat, der Geld wechselt, auch zu einem neuen Leben verhelfen kann, ist eher unwahrscheinlich – selbst wenn es der Automatenbetreiber in Aussicht stellt.

Ab durch die Mitte?

Wer hier am Berliner Flughafen Tegel einen Tunnel oder gar ein Nadelöhr erwartet, wird überrascht sein, nur an einem Flugzeug der denglischen Marke „Eurowings" anzukommen. Der Hinweis „this way" wäre verständlicher gewesen.

Märchenhaft

In der Weiterbildungsbranche kursiert seit Neuestem die kleine Kursfee. Sie ist schüchtern und wird von vielen übersehen. Deshalb wohl dieser Hinweis.

PS: Vielleicht ist die „Fee" vielen Teilnehmern auch zu groß ...

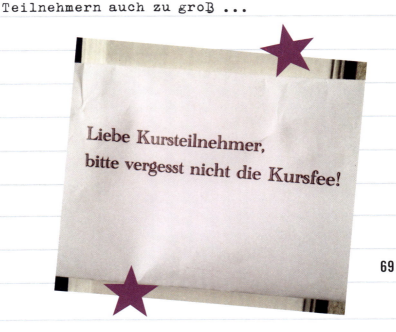

Kammerzote

Es soll Vorteile haben, einer Handelskammer beizutreten. Aber auch Nachteile: Weil man manchmal solche Kalauer ertragen muss.

Poor performance

Ein „e" anstatt eines „a" – der Patzer kann einem leicht unterlaufen. Blöd nur, wenn er aufs Auto lackiert wird. Oder war es Absicht? Die PerformAnce des Unternehmens Imtech reichte jedenfalls nicht aus, um zu überleben. Es ist inzwischen pleite.

Lost in Mülltrennung

Die Bahn will Vorbild sein. Doch der Gast aus dem Ausland versteht nur Bahnhof: Denn was hier tatsächlich gesagt wird, verstehen nur erfahrene Profimülltrenner wie wir Deutschen: Werfen Sie ruhig alles in diese Tonne, wir kümmern uns um die Mülltrennung. „No need to separate waste" oder „Don't bother with waste separation" wäre verständlicher für unsere englischsprachigen Freunde. Doch mal ehrlich: Wen – außer uns – interessiert das überhaupt?

Ganz schön keck...

... diese Brauereifachsprache! Das „Pfand" ist deutsch, das „Fässchen" ist englisch.

Affig

Diesen Saft in einem Frankfurter Hotel mögen bestimmt auch die Orang-Utans.

No, thangs!

We want not hawe zis.

Klosed shop

Eine andere Art zu sagen:

Fremde Kulturen unerwünscht!

Zappel-philipp

Das Modespielzeug der vergangenen Jahre ist eine Art Propeller mit Kugellager, den man zwischen zwei Fingern dreht. Genannt werden sie „fidget spinner" oder einfach „spinner". Sinngemäß übersetzt sind es also „drehende Hampelmänner". Kein Wunder, dass das bisher niemand wörtlich übertragen hat. Es wäre eine noch größere Spinnerei!

Please bestelle inside an the Theke!

SPEISE HACKBARON KA
BEEFBAR

BURGER

"NEW YORK CHEESE" •   **6.90 €**
Freilandrind-Patty, Cheddar (1,2), Zwiebelmarmelade, Gewürzgurke (2),
Romanasalat, Hackbaron BurgerSauce

"HELLS KITCHEN" •   **7.50 €**
Freilandrind-Patty, Guacamolecreme, Tomate, Zwiebeln,
Jalapenos (2,), Hackbaron SpicyBBQ

"FIGHTING IRISH" •   **8.90 €**

"THE BALL" •
Großer Rindfleischball
feinen Hackbaron Ge

Please bestelle inside an the Theke!

GETRÄNKE HACKBARON KARTE
BEEFBAR

BEER

RATSHERRN "PILSENER" 0.33 L .... **3.00 €**
Charakter: Klassisches Pilsener

RATSHERRN "PALE ALE" 0.33 L .... **3.50 €**
Charakter: Hopfenfruchtiges Vollbier

RATSHERRN "HH-LAGER" 0.33 L .... **3.50 €**
Charakter: Erfrischendes Lagerbier

RATSHERRN "BEEF" 0.33 L .... **3.50 €**
Charakter: Herbes erfrischendes Pilsener

WINE

ROTWEIN 0.25 L .... **6.90 €**
Cabernet Sauvignon/Merlot: Weich und rund

WEISSWEIN 0.25 L .... **6.90 €**
Macabeo Chardonnay: Verlockend und frisch

SOFTDRINKS

FRITZ-KOLA 0.2 L .... **2.00 €**
„klassik" oder „zuckerfrei"

FRITZ-SPRITZ 0.2 L .... **2.00 €**
„bio-rhabarber", „bio-apfel" oder „bio-traube"

FRITZ-LIMO 0.2 L .... **2.00 €**
„zitrone" oder „orange"

MISCHMASCH 0.2 L .... **2.00 €**
Das „Spezi" von fritz

VIVA CON AGUA 0.33 L .... **2.00 €**
Wasser „laut" oder „leise"

Einmal Kauderwelsch bitte!

Stilprägender Imbiss in Hamburg: der „Hackbaron". Sprachhack ist hier ein Standardgericht – solange hoffentlich niemand die „Bulette" zur „bullet" macht! Nach der Bestellung heißt es dann: „Bitte pay mit Cash und don't nerv with asking for a Bewirtungsbeleg."

Freibier?

Ich sitze mit einer Gruppe Engländer im edlen ICB - dem International Club Berlin, der früher ein Club britischer Offiziere war - und die Gäste fühlen sich eingeladen. Warum? Weil das auf dem Schild steht. „Open Bar" - alles aufs Haus. „Bar open" - die Bar ist geöffnet.

Bitte nicht spotten!

Die Evangelische Kirche hat herausgefunden, dass Gott einen „spot" hat. Ob damit ein Ort gemeint ist? Ich tippe auf einen Pickel, der wie eine Antenne funktioniert - einfach einwählen!

Den Letzten beißt das Bodenpersonal

Ich brauche nicht jedes Schild zu verstehen, an dem ich im Leben vorbeikomme. Doch bis mir einer diesen rätselhaften Hinweis am Flughafen München erklärt, bemühe ich mich stets, nicht auf den letzten Drücker am Flugzeug zu sein ...

Workaholics

Das Schild ist wohl eine andere Art zu sagen: Wir schlafen nie!

Zu oberflächlich

Das Betreten der Eisfläche ist nicht gestattet.

Please keep off the ice surface.

Die Gartenverwaltung

Treffende Übersetzungen sind wie dünnes Eis. Wäre die Verwaltung des Botanischen Gartens in Berlin nur halb so freundlich und hätte sie die Oberfläche weggelassen - ihre Warnung wäre perfekt: Keep off the ice!

Selbstfindung an der Rezeption

Ein Hoteldirektor, der in der Lobby unter seinen englischsprachigen Gästen Verwirrung stiften will, stellt dieses Schild auf. Gemeint ist „Please wait here/keep a distance". Gesagt wird: „Bitte sorgen Sie auf der Stelle für Ihren persönlichen Freiraum." Oder in aller Klarheit: „Machen Sie mal wieder Urlaub!"

Arschbillig

Klingt beinahe wie die lockere Aufforderung zum Sex („booty call") – und das am helllichten Tag bei Karstadt! Ganz im Ernst: Als „Booties" würde das Sonderangebot durchgehen. Bedeutung: Stiefelchen für die Dame. Doch in der Einzahl wird nicht mehr und nicht weniger als ihr Hintern („booty") feilgeboten.

Große Verwirrung

Alles für die Kleinen? Ein Geschäft mit Miniaturartikeln? Und entsprechend günstig? Oder gibt es hier auf alles nur einen kleinen Rabatt? Fragen über Fragen für jeden, der vor diesem Geschäft in Berlin-Tempelhof steht. Man vergisst glatt hineinzugehen.

Big Bremen is watching you

Sind bei der Bremer Polizei vielleicht Schildbürger als Übersetzer beschäftigt?

Zu Ihrer Sicherheit wird dieser Bereich in der Zeit von 20.00 Uhr - 8.00 Uhr videoüberwacht!

For your security this area is monitoring by Video from 8.00 p.m. - 8.00 a.m.

Polizei Bremen, Telefon 362-1899

Herren-törtchen

Was für ihn? Nein, was mit HIMbeergeschmack! Nur bei Aldi Nord.

On the way to the

hinterland trainstation

Ein abgefahrenes Beispiel für das, was ich immer „geschwollene Zweisprachigkeit" oder „Denglish Overengineering" nenne. Der Zug der Deutsche-Bahn-Tochter Schenker stand im Hamburger Hafen, und mit „hinterland" ist wohl das Landesinnere gemeint. Schließlich fahren Züge nicht ins Wasser. Und der nächste Halt ist mit Sicherheit: the hinterland trainstation.

Mein Back...

... dein Back? Back ist für uns alle da! Verstehen Sie das? Egal, Hauptsache frische Brötchen.

Ein Teller Rumgemurkse

Ein Steak aus Rum – und das von Meica? Gibt es bei „Doris Diner" in Hamburg.

97

Pons Blitz!

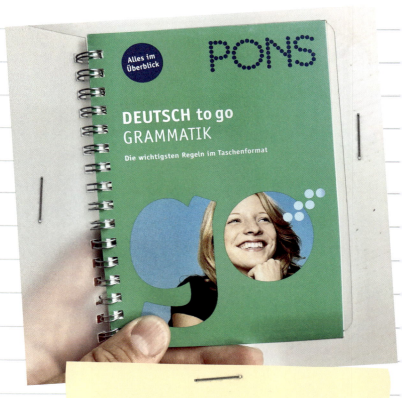

Die Sprachexperten im PONS Verlag legen eigentlich Wert auf gutes Deutsch – hoffentlich wenigstens im Innenteil des Buchs ...

Fadenkreuz-scheinig

Was aussieht wie das Logo einer Agentenserie und übersetzt klingt wie „handlicher Vertreter", „Makler" oder gar „Geheimagent", ist in Wahrheit nur das Markenzeichen eines deutschen Onlinehandels für Telefone.

Geht mir nicht auf die Cakes!

Hätte Hermann Bahlsen nicht vor rund 150 Jahren als Exportkaufmann in London gearbeitet, wäre das deutsche Lexikon um den „Keks" ärmer. Die Geschichte scheint mir die Urgeschichte des modernen deutsch-englischen Sprachwirrwarrs zu sein. Es begann damit, dass Hermann Bahlsen die fabrikgefertigten „Cakes" der Engländer so gerne mochte, dass er sie auch in seiner deutschen Heimat unter die Leute bringen wollte. 1889 gründete er die „Hannoversche Cakesfabrik H. Bahlsen" und zwei Jahre später brachte er das eigene Gebäck auf den Markt. Für den Namen backte er den Philosophen Gottfried Wilhelm Leibniz und das englische Wort „Cakes" zu „Leibniz Cakes" zusammen. Allerdings konnten die Deutschen mit dem Anglizismus „Cakes" nur wenig anfangen und spra-

chen ihn aus wie ... Keks! Es dauerte bis 1911, als Bahlsen die Cakes eindeutschte – und kurz darauf nahm der Duden den Keks als „kleines, trockenes Dauergebäck" auf. Bei der „Bahlsen Group" von heute wurde ich übrigens informiert, dass Hermann Bahlsen die Mehrzahl „Kekse" gar nicht mochte! Kein Wunder: „Cakes" sind ja schon mehr als einer!

104

Bad feelings

Wer hier ans Badezimmer denkt, denkt anders als ich. Schon das Magazin „Bad Design" kann ich nicht betrachten, ohne an missratene Gestaltung zu denken – obwohl es überhaupt nicht schlecht aussieht. Das möchte ich nicht von dem Schaufenster in Halle behaupten. Aber urteilen Sie selbst ...

A w-ihr-d service

Es bleibt zu hoffen, dass dieses Berliner Hausmeisterunternehmen nicht dasselbe mit den Häusern macht, was es in seinem Logo der englischen Sprache antut ... Für mich ein weiterer Fall von „Denglish Overeng-ihr-neering".

Englisch? Voll uncool!

Und die 1935 gegründete Reichsjägermeistermarke hat das längst erkannt!

Versautes Doppelpack

Ich gehe davon aus, dass man in der Altenburger Spielkartenfabrik nicht wissen will, was englischsprachige Kunden seit Jahrzehnten verstehen, wenn sie Kartenspiele der Marke „Top Ass" sehen: nämlich „Oberarsch". Das Thema „Edelflitzer" wirkt da nur noch wie der i-Punkt. Allerdings nennt man „Nacktläufer" im Englischen „streaker".

Cosmetic Porn

Eine rosa Dose. Die Marketingexperten waren sich wohl sicher: Die wollen Frauen haben. Jeden Monat, mit Kosmetikprodukten, frei Haus. Was sie nicht bedacht haben: Im amerikanischen Slang hat die Kiste die Bedeutung einer ... Vagina.

Dickes Ding

Es gibt Momente, in denen man – wenn man im Englischen zu Hause ist – nicht glauben kann, was man gerade gehört hat. Oder gelesen. Zum Beispiel „Big Willy" auf den Toilettenpapierspendern von Ille. Weil es übersetzt „großer Penis" bedeutet. Es soll auf seinen Erfinder Willy Blatz zurückgehen. Mehr weiß ich nicht ...

Rasend komisch

fairplay
on the autobahn

Missverständnis made by Bundes-
regierung: Im Jahr 2006 forderte
das Verkehrsministerium per Werbekam-
pagne ein „Fairplay on the Autobahn".
Mal abgesehen davon, dass das klingt,
als habe sich ein Gremium älterer
Leute um junge Sprache bemüht, machte
man den Asphalt auch noch zum ...
schauen Sie selbst! Fairplay hin oder
her - ich sehe darin eine Anstiftung
zum Rasen!

Freie Denglische Partei

Um seine fast tote FDP wiederzubeleben,
baute ihr Chef Christian Lindner 2017
auf eine Doppelstrategie. Erstens:
Personenkult. Zweitens: Denglisch.
Wäre die Partei am Ende in die Bundes-
regierung eingezogen, hätte ich mich
nicht über ein neues Ministerium
für Kauder-
welsch
gewundert.

Deutschland Update

Wahlkrampf

Vier österreichische Politikerinnen imitieren die Beatles und stellen sich in London auf den berühmtesten Zebrastreifen der Welt – genau dort, wo 1969 die „Fab Four" für das Cover ihres gleichnamigen Albums die „Abbey Road" überquert hatten. Das popkulturelle Re-enactment der vier Damen wirkt aber etwas verkrampft – nicht nur weil wir im Hintergrund ein Riesenrad sehen, das sich normalerweise im Prater in Wien dreht. Während ich die vier Politikerinnen der SPÖ betrachte, möchte ich die Henriette in Wolfgang

von Goethes Stück „Die guten Weiber"
zitieren: „Hier entsteht ein Streit
für und gegen Karikatur. Zu welcher
Seite wollen Sie sich schlagen?
Ich erkläre mich dafür und frage:
Hat nicht jedes Zerrbild etwas
unwiderstehlich Anziehendes?"

Bug Factory

Es ist die größte Sprachverwirrung, die je gebacken wurde und die sich wie ein Virus durch unsere Fußgängerzonen frisst – als handele es sich bei den vielen Filialen der „Back Factory" um „Rückenfabriken". Es ist (wie die „Bio Company") ein Beispiel für den absurden Zwang, Deutsch und Englisch zu vermischen, und ich frage mich seit Langem, warum man das nicht lässt und die Läden unmissverständlich „bakery" oder „baking factory" nennt. Oder einfach „Backfabrik".

Familien-backung

Back Family
Kokosfüllung
extrafein

Auch eine bekannte
deutsche Supermarktkette
blieb nicht vom Back-Bug
verschont. Man bekommt
dort Rücken für die ganze
Familie.

Veräppelt

Das Frühstück in diesem Würzburger Hotel war besser als sein Sppeling.

121

122

Fahren und Schnacken mit Rückgrat?

Und noch drei Beispiele für die sprachliche Verwirrung, die deutsche Bäcker stiften.

Die Berliner Stadt Reimer

124

Die Berliner Stadtreinigung BSR beseitigt nicht nur den Müll der Hauptstadt, sondern zeigt auch allzu gerne, wie viel Spaß sie dabei hat – und wie viel sprachliche Kreativität sie auf dem ... Eimer hat. Links während der Berlinale 2018 ...

... und hier in Berlins Diplomatenviertel.

Präsidialer Müll

Verballhornungen der Air Force
haben in Deutschland Tradition:
Helmut Schmidt nannte die Bundeswehr
einst „German Hair Force". Die
Berliner Stadtreinigung BSR hat sich
inspirieren lassen: vom Flugzeug
des US-Präsidenten „Air Force One" –
und vielleicht auch vom Müll, den
der aktuelle Amtsinhaber gelegentlich
von sich gibt.

Who cares?

Ein Klassiker der guten denglischen Außenwerbung. Witzig und in Zeiten allgemeiner Achtsamkeit an menschlicher Tiefe kaum zu überbieten: Denn „We kehr for you" ist doch genau das Motto, das sich alle von allen wünschen. Entstand 1999 und ist seitdem oft kopiert worden.

Noch ein Klassiker: politische Werbung
für einen Elefanten, der 1998 noch einmal ins Bundeskanzleramt marschieren
wollte. Durfte er aber nicht mehr.
Der Rest der Geschichte ist bekannt:
Wenige Jahre später versank er im
Spendensumpf.

... and carry on?

Außen oll, innen toll?

Eine leicht durchschaubare Botschaft: Der Name des Hotels soll wahrscheinlich von seiner weniger individuellen Fassade ablenken.

Luftnummer

Wenn bei Übersetzungen das Sprach-
gefühl für die Muttersprache versagt,
kommt es gerne mal zu luftig-sinnleeren
Worten wie „Luftseite" – so wie hier
am Flughafen Hamburg. Gemeint ist die
im internationalen Fliegerjargon
gängige „Airside", also der Bereich
hinter der Sicherheitskontrolle,
der einen zu den
Flugzeugen und
letztendlich in
die Luft führt.

Cook lee-bar vac!

Phonetischer Dadaismus oder feindseliger Schwachsinn? Kann man entdecken, wenn man in Leipzig im Stau hinter gewissen Heinis steht. Da gucke ich lieber weg!

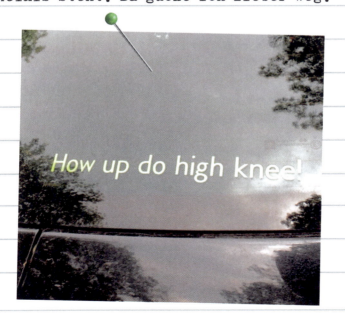

Für Bänker

Seitdem Hilmar Kopper, der damalige Boss der Deutschen Bank, von „Peanuts" sprach, um ein paar Milliönchen zu beschreiben, hat das englische Wort für uns genau diesen Klang: dass es gar nicht alle seine Buchstaben wert ist. Die Firma „ültje", die sich als „the leading brand for peanuts" beschreibt, hat für Kopper & Co. die „Pinats" in Tüten verpackt.

134

Puffig

Die guten alten Erdnussflips! Knabberten wir als Kinder zum Samstagabendprogramm und dachten womöglich, diese „Flips" seien weltbekannt. Doch wer sie außerhalb des deutschen Sprachraums für den Fernsehabend einkaufen will, muss nach „puffs" suchen – wenn es sie überhaupt gibt.

Kartoffel ruft an

"Potato Ringe" würde auch nicht besser klingen – und ließe sich nicht mal übersetzen.

You better get going

So versuchte die Hotelkette „Premier Inn" aus Großbritannien in Deutschland Fuß zu fassen. Nicht zu fassen!

Das Schiff wird kommen ...

... in spätestens elf Minuten. Bis auf die 11-Minuten-Illusion (die ich hier nur aus rechtlichen Gründen nicht „Lüge" nenne) ist Parship eines meiner sprachlichen Lieblingskinder aus denglischer Zeugung.

Ein tollair Textair ...

... hat den Salzburgair Flughafen beschildert.

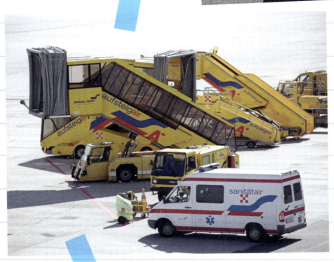

Irgendein heißer Scheiß

Ich habe keine Ahnung, was man und frau in diesem Berliner Laden kaufen können. Eine Schlankheitskur vielleicht?

Schwurbel-panne

An der Grenze zu Tschechien kann Mann was erleben. Als Betreiber dieses Etablissements hätte ich mir allerdings nicht so ein Rätsel an die Wand gehängt, sondern lieber gleich den Whirlpool beworben.

Shakespeares Erben

Kein verkehrsübliches Englisch, mit dem die österreichische Raiffeisenbank wirbt – aber auch kein falsches! Schon William Shakespeares Charaktere haben so gesprochen: „I must away today, before night come." Sie wissen schon: Hamlet. Keine Frage, was er suchte: eine sichere Bank!

Aposd'oof

Es ist ein Patzer, der im gesamten deutschen Sprachraum grassiert – und ich gebe zu, dass es total willkürlich von mir ist, dieses Beispiel aus Schwerin herauszupicken. Vielleicht weil mir das Essen geschmeckt hat. Der Apostroph hingegen nicht. Wir wissen ja, wo er stehen muss: beim Besitzfall, dem Genetiv. Zum Beispiel: „Peter's steak".

Nagelproben

Fingernagelexperten sind innovative ...

... und creative ...

... und totally Genetiv.

145

Good flair

Mein Liebling luftiger Wortspiele. Die Konzertmacher beweisen mit dieser Werbung für ein ebenso gelungenes Open-Air-Festival sprachliches „Fingerspitzengefühl" - übrigens im Englischen „flair".

Verein für Lachnummern – oder was?

Im Sprachzentrümchen des Fanshöpchen-Erfinders gibt es wahrscheinlich eine große Vitrine für Kalauer.

Spice up your lunch

Wer sich vom Namen dieses Bistros in München leiten lässt und die vier Spice Girls und dazu noch Britney Fleischspears in Kellnerinnenkostümen erwartet, die überdimensionierte Gewürzmühlen herumtragen, wird enttäuscht. Wer gut speisen will, ist in Maximilian und Roswitha Wagners Bistro in der Münchner Kapuzinerstraße aber richtig.

Massen-erschießung

150

Eine Katastrophe! Wer sein Baby foto-
grafieren lassen will, sollte sich in
Acht nehmen. Egal, ob als „Familien-",
„Hochzeits-" oder „Baby-Shooting",
als „Werbe-" oder „Modeshooting" oder
auch nur als „Shooting" - das alles
sind im Englischen Tötungen mit Schuss-
waffen. Und so versteht es sich auch
von selbst, dass auf der Langen Reihe
in Hamburg weder für ein Schützenfest
noch für ein Blutbad geworben wird ...

Spart Buchstaben!

As Brexit Nears, 'Discounters' Gain Ground in U.K. Supermarket Wars

By AMIE TSANG August 3, 2017

A sign for a Lidl discount grocery store in

German Discounter Lidl Slows U.S. Expansion: Paper

By REUTERS January 17, 2018

FRANKFURT — German discount food retailer Lidl is slowing its U.S. expansion and switching focus from big-box stores to smaller formats, the Handelsblatt business daily reported, citing local real estate and political sources.

Privately-held Lidl, known in Europe for its focus on competitive prices, opened its first stores in the United States last summer and was

Aldi und Lidl haben nicht nur einen Preiskampf in die englischsprachige Welt der Supermärkte exportiert. Sie haben gewissermaßen auch einen Buchstaben- und Wortnachlass auf das gewährt, was sie selber sind: Denn der „Discounter" hieß früher im Englischen ausführlich „discount store/shop". Früher – das war noch im August 2017. Damals schrieb die „New York Times" das Wort „discounter" mit und im Januar 2018 bereits ohne Anführungszeichen. Kurz darauf wurde es auch vom „Oxford English Dictionary" aufgenommen.

If in doubt...

... don't drink when you design your Trinkhalms. Entdeckt habe ich den Wortbrei („dough" = Teig) auf einem Trinkhalm meiner Lieblingsbar am Berliner Fasanenplatz: der Rum Trader. Gemundet hat's trotzdem!

Total anders

Englischsprachige Gäste, die das Hotel
„Chelsea" in Köln besuchen, stolpern
über „The Hotel different", weil sie
diese Beschreibung für etwas konfus
halten. Doch der Hotelier Werner
Peters hat sich für die eigenwillige
Beschreibung in der Hauptstadt von
New Mexico inspirieren lassen:
„Santa Fe – the City different".
Wenn das keine gute Erklärung ist ...

Two problems for me ...

158

Eigentlich fuhr ich auf die Dürener Straße in Köln, um meine Hemden in der Reinigung mit dem sauberen Namen „Dirt free" abzugeben. Doch die gibt es inzwischen nicht mehr. Stattdessen entdeckte ich gegenüber einen Klamottenladen für Kinder – und muss seitdem über die Bedeutung des Namens rätseln. Ich tippe ganz einfach auf „second hand"...

To bee or not to bee

Ich verstehe, dass dieser Blütenhonig aus Deutschland kommt. Doch ich verstehe nicht, was der Hinweis „Bee to Becher" bedeutet. Haben die Bienchen den Honig etwa direkt in den Becher transportiert? Ich halte es vielmehr für einen weiteren Versuch einer Marketingabteilung, aus denglischen Kauderwelsch Honig zu saugen.

Kids and grown-ups love it so!

Unsere Gummibären auf Weltreise.

Gruß nach Brüssel

Ein sympathisch weltoffener Meisterspruch aus der Biomarkt-szene - und eine Frage an alle: Wie übersetzt man Rosenkohl? (Antwort: „Brussels sprouts")

Happy Hens

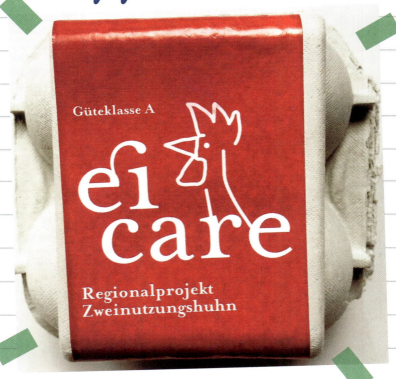

Das „Regionalprojekt Zweinutzungshuhn" verspricht Hähnen ein längeres Leben – und den Hennen mehr Spaß!

Pfandkrieger

Noch mehr Biomarktkauderwelsch.

Auf gut Deutsch: „Einweg ist scheiße!"

Do you get it?

I don't. Kunstworte bergen die Gefahr in sich, dass sie unverstanden bleiben oder total nach hinten losgehen. Weil sie unfreiwillig etwas Unschönes bedeuten. Oder bin ich der Einzige, der bei „schoget it" an „forget it" denken muss? Wobei: Ich hatte in der Tat längst vergessen, dass es diese Schogetten gibt.

Shoe-bi-du

Dazu benötigen wir Shoespanner,

Shoekrem und am besten auch Shoe-e!

167

Kulturfolger

Dass Kassels Wasserversorger „Kasselwasser" mit einem englischsprachigen Slogan wirbt, um die allgemeine deutschsprachige Bevölkerung davon abzuhalten, Essensreste ins Klo zu werfen, ist vermutlich gut - für die Ratten!

Gruß aus der Küche

Stellt sich nur die Frage: Großer oder kleiner Löffel?

169

Lost in Trainstation?

Von wegen! Hier sind die Berliner S- und U-Bahn-Stationen endlich verständlich für jeden, der Denglisch für Fortgeschrittene beherrscht. Also für alle, die früher Otto Waalkes' „English for Runaways" gehört und die „Filserbriefe" in der „Süddeutschen Zeitung" gelesen haben. Die Deutsche Bahn, die in Berlin die S-Bahn betreibt, hat diesen Plan im Jahr 2015 als Aprilscherz veröffentlicht. Besonders gut gefallen mir die Stationen „Serious Reuter Square", „Pink Luxemburg Square" und „Rest, you" für Rudow! Die Seen hätte ich dafür lieber „When Sea", „Slaughter Sea" oder „Holy Sea" genannt.

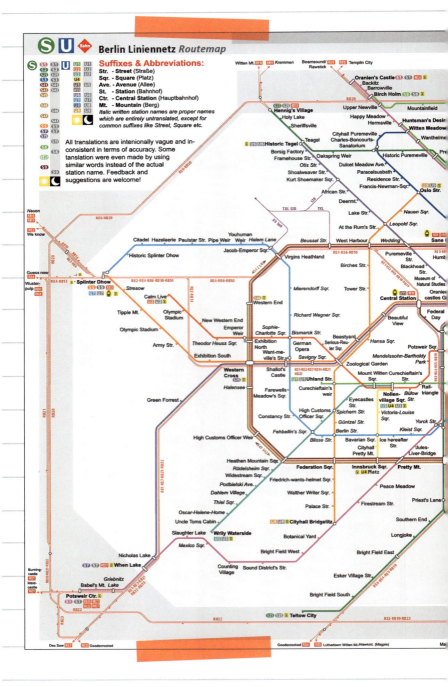

Kalauair

Bevor sich Air Berlin in Luft auflöste, erlaubte man sich an Bord solche Kalauer.

175

Digitales Gebäck

Kauderwelsch andersherum: Wer in England online ein Bahnticket kauft, bekommt dazu Backwaren gereicht. Jedenfalls mit einem Apfelfon.

Stansted Airport - London Liverpool Street
Adult, Hin- u. Rückfahrt 2. Klasse

Hinfahrt am 20/10/2017   **Rückfahrt** innerhalb eines Monats ab 20/10/2017

Stansted Airport - London Liverpool Street
Adult, Hin- u. Rückfahrt 2. Klasse

Hinfahrt am 20/10/2017   **Rückfahrt** innerhalb eines Monats ab 20/10/2017

Rheinglisch

Das RheinRiver Guesthouse nördlich von Leverkusen zeigt viel Herz - und Kreativität: Kurzerhand erfanden die Betreiber das englische Wort „heartful". Was sie damit sagen wollen? „A place full of heart" selbstverständlich! Vielleicht beim nächsten Anstrich ;)

The Art of Restmüll

Der kunstvollste Beitrag der

Deutschen Bahn zu diesem Buch.

178

Ski heil!

AKTUELLE INFORMATION
Have a nice day fo

AKTUELLE INFORMATION
a a nice day for ski

Legende/Legend

Skifahrer, die ihren Urlaub im österreichischen Bad Gastein ohne Beinbruch überleben, bleibt das gebrochene Englisch an den Liften in Erinnerung. „Have a nice day" wäre allerdings völlig ausreichend.

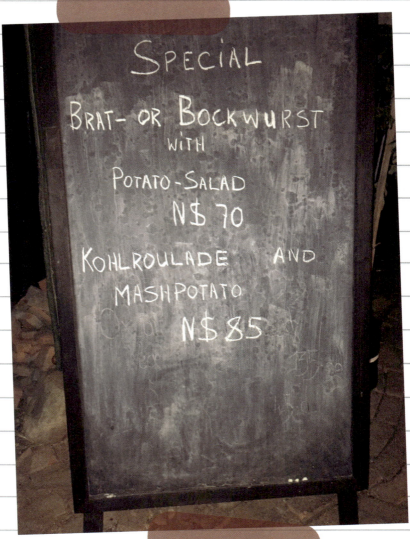

Original Denglischland

Gastrodenglisch gibt es nicht nur
bei uns, sondern auch in Namibia –
bis 1915 die deutsche Kolonie „Deutsch-
Südwestafrika". Mit der Verwaltung
durch Südafrika wurde Englisch Amts-
sprache, doch Deutsch ist verbreitet
geblieben. Im Alltag kommt das bis
heute einem deutsch-englischen Kauderwelsch gleich, das einige Jahrzehnte
älter ist als bei uns.

No Digital Natives bitte!

Das Freibad „Altstadtbad Krähenteich"
in Lübeck ist so frei und vermischt
die Sprachen – wie zwei Kugeln Eis,
die in der Nachmittagssonne zu einer
Masse verschmelzen. Hinwegschmelzen
soll dabei auch das Bedürfnis der
Menschen von heute, andauernd Bilder
von sich und anderen zu machen und
sie bei Instagram, Facebook und Co.
zu veröffentlichen. Das ist niedlich.
Und ein bisschen realitätsfern.

Up sofort?

Der Kellner erklärte mir mit italienischem Akzent, es passe ja nicht die ganze Karte auf die Tafel, und das sei eben die beste Art, das Angebot auf Englisch zu schreiben, sodass es auch Ausländer verstehen. Capisce?

Sehr ginvoll

Es gibt ginlose Zeilen, und es gibt sehr ginvolle Zeilen – so wie diese. Weil ich Gin sehr mag.

Macht am besten Schluss!

Wenn eine Verbindung zwischen Leuten auf einmal „offline" ist, dann existiert sie gar nicht mehr – vielleicht hat sie ihn längst bei WhatsApp geblockt, er sie bei Facebook entfreundet. Der Draht ist gekappt, egal ob in der digitalen oder in der realen Welt: im Netz wie im Bett. Kondome sind dann auch kein Thema mehr. Die Botschaft der Bundeszentrale für gesundheitliche Aufklärung ist aber eine andere und wäre so verständlicher: „Wenn aus virtual real wird." Oder aus Worten Taten oder aus Chats Ohrengeflüster. Oder so ähnlich ...

JETZT ABNEHMEN

Starte jetzt kostenlos den BodyChange® Programmkonfigurator und finde heraus mit welcher Gewichtung aus Ernährung, Sport und Motivation du zu deiner Bestform kommst. Erhalte außerdem kostenfrei spannende Infos rund um die Themen Ernährung und Fitness.

Alter Körper gegen neuen?

Die Drogeriemarktkette dm fällt ja auch auf ihren zahlreichen „Balea"-Produkten mit unheimlichem Marketingdenglisch auf. Was sich nun aber hinter dem Angebot „Bodychange" verbirgt, bleibt mir und meinem Körper ein Rätsel ...

Unter uns

Was sollen wir schreiben, haben sich die Leute von „Adams Gasthof" im sächsischen Moritzburg vielleicht gefragt, als sie das Schild für ihren Parkplatz bestellten: „colleagues", „employees", „members of staff" oder nur „staff"? Aber wieso überhaupt auf Englisch? Wer hier nicht als Koch oder Kellner arbeitet, soll sich erst gar nicht eingeladen fühlen zu parken. Also bestellten sie Kauderwelsch – und immerhin die freundliche Variante von „No Parking for Fremde".

Krank im Schrank!

Berlin. Kreuzberg. Ein Klub am Kott-
busser Tor. Angesagt. Klein. Ohne eine
Garderobe. Aber mit einem Schild, das
schon auf Deutsch reichlich verwirrend
ist. Sollte dort nicht eher „Wertsachen"
stehen? Kommen wir zum Englischen:
Wieso sollte man sich vor seinem
Kleiderschrank – the wardrobe – in
Acht nehmen? Lauert darin vielleicht
ein Dämon? Mit anderen Worten: Das
Schild ist Stuss! Mein Vorschlag:
„Achten Sie auf Ihre Wertsachen. Look
after your belongings." Auch möglich
und näher dran an „beware": „Be aware
of pickpockets" – hüte Dich vor
Taschendieben.

Straßen-scrabble

Bei der Suche nach verkehrsüblichem Englisch habe ich meine eigene Sicht auf die Straße, oder besser gesagt: auf die Nummernschilder der anderen. Es ist mir eine große Freude, hinterm Steuer zu sitzen, wenn mich F-UN

überholt, ich an B-AD vorbeifahre oder einem GI-RL folge. Je mehr ich darauf achte, desto mehr entdecke ich Autokennzeichen mit Buchstabenkombinationen, die in unserer Lieblingsfremdsprache einen Sinn ergeben. Ich habe das kleine private Spiel „Straßenscrabble" getauft. Meistens vertreibe ich mir damit alleine und manchmal auch mit meinen Kindern die Zeit. Die lustigsten Exemplare sind übrigens die besonders seltenen: BAD-DY. DAN-DY. SE-XY. Häufiger hingegen: H-OT BO-YS und SO-FT KI-SS. Manchmal fahren auch (fast) vollständige Sätze herum: I-AM GL-AD I-AM N-OT ROW-DY.

197

Mainz, wie es wingt und lacht

So unnütz im Hilton Hotel am Mainzer
Rheinufer die Übersetzung „Domewing"
ist – es hätte ausgereicht, den Weg
zur „cathedral" auszuschildern –, so
unverzichtbar ist der Hinweis, dass
es sich bei der Garage um eine Park-
gelegenheit handelt. Und nicht wie
im Englischen um eine Autowerkstatt!

Sächsisch oder Englisch?

Die Bäckerei Wendl in Leipzig, die auch herrliches Brot backen kann, ist berühmt für ihre Wortspiele in sächsischer Mundart: Man verkauft „Handgebäck" und „Broviant" und bezeichnet sich selbst als „Brotagonisten". Was liegt näher, als das Roggenbrot zum „Roggstar" zu machen. Und das ist eindeutig Sänglisch.

Brad, das Brot

Wie gut für den US-Schauspieler, dass er nicht Bernd Pitt heißt. Er hätte es garantiert nicht auf diese Brottüte einer Berliner Bäckerei geschafft.

Fritz, komm raus

Wer sich schick machen will und dafür in Schale wirft, sagt im Englischen: „I am/we are putting on the Ritz." Und weil manche Backwaren so lecker sind, dass man reinkriechen möchte, ist dieser Scherz um ein preußisches Brötchen namens Fritz ziemlich schick.

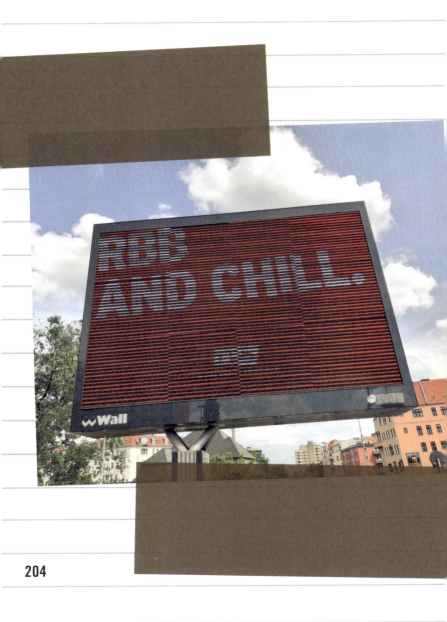

Es liegt was in der Luft

Als ich diese Werbung des Rundfunks Berlin-Brandenburg zum ersten Mal sah, las ich einen Scherz, der da gar nicht steht. Dabei hätte er bei einem Programm, das über den Äther kommt, also „over the air", nicht nur seine Berechtigung, sondern wäre auch zeitgemäß: „AiRBnB and chill!"

So liegt nicht mehr in der Luft als ein Echo von „Netflix and chill!"

Verwortspielt

Die schlechte Nachricht: Der Witz geht baden – jedenfalls im Standardenglisch. „News" ist Mehrzahl, wird aber im Singular benutzt: „Bad news is good news."

1000 Überdrehungen

Mietwagenfirmen verkaufen „Mobility".

Denglische Scherze gibt es gratis dazu.

Schokolade

208

mit Aussprache-hilfe ...

Die Brotkrume, der Krümel oder der Brösel werden im Englischen „crumb" geschrieben, aber „kramm" gesprochen. Für den Schokoladenhersteller ein Grund, sich ein eigenes Wörtchen auszudenken: „crum". Gibt's nicht, aber schmeckt!

Ein Hobby für Opi?

Warum immer Denglisch, wenn auch Franglisch ganz gut funktioniert? Das fragte sich vor ungefähr 50 Jahren Manfred Maus, der deutsche Gründer der Baumarktkette „Obi". Das Kunstwort soll „Hobby" bedeuten - französisch ausgesprochen!

McWitzig

McDonald's beteiligt sich also nicht nur am Kampf gegen Einwegbecher, sondern kämpft auch mit ums originellste Denglisch. Nicht schlecht!

Haar Haar!

Neben den Bäckern noch eine Branche für viele, viele denglische Kauderwelschkreationen: unsere Friseure!

213

Nairfairai

Wortspielereien mit „fair" sind in Mode und nerven – einfach unfair-antwortlich!

216

Wir sind New York

Das Vorbild aller urbanen Liebes-
erklärungskampagnen ist „I ♥ NY".
Das berühmte Motto gibt es seit 1977.
Vierzig Jahre später hat die Berliner
Firma Wall recht hübsche Versionen für
mehr als 20 deutsche Städte entworfen -
und das ganz selbstverständlich
auf
Englisch.

Klauen Sie ruhig...

KONTAKTAUFNAHME

BITTE DIE KLINGEL BETÄTIGEN !!!
PLEASE TAKE THE BELL !!!

LICHTHUPE KANN NICHT WAHRGENOMMEN WERDEN !!!
FLASH LIGHT CAN NOT BE EXERCISED !!!

Vielen Dank
Ihre WISAG Sicherheit & Service GmbH & Co. KG

... unsere Klingel! Am Wiener
Nordwestbahnhof hängt ein
Schild, das man genau genommen
nur einmal befolgen kann - denn
danach ist die Klingel weg!
Ist nicht doch nur „Please ring
the bell" gemeint?

Der c-Factor

Das cennt man ja im Deutschen: Aus „k" wird „c", weil es exclusiver wircen soll. Hier wirct es allerdings unpassend und falsch geschrieben. Dence ich.

Charlotten-village

In Berlin-Charlottenburg, das wegen seiner vielen russischen Immobilienbesitzer auch „Charlottengrad" genannt wird, kann man sich manchmal auch ein bisschen wie im New Yorker Greenwich Village fühlen. Jeder spricht hier Englisch, die Smoothies heißen „The Bee" oder „Detox me" – und die Lox Bagels machen süchtig.

Ein trostloser Ort

Ist Ihnen schon mal aufgefallen, dass
Englisch manchmal dazu dienen soll,
die Wahrheit zu verschleiern?
„Sorry" bedeutet bekanntlich oft:
„Ist mir egal." Und „Merryland"?
Von einem „Gute-Laune-Paradies" oder
einer „Glücksoase" würde ich bei dieser
Einrichtung auf der Lietzenburger
Straße in Berlin jedenfalls nicht
sprechen ...

Missverständlich

Berlin-Kreuzberg.

Ob hier noch alle glücklich sind?

Unmissverständlich

Berlin-Friedrichshain.

Hier sind alle verrückt.

Nicht auf den Kopp gefallen

226

Obwohl das 1921 gegründete deutsche Magazin „Kicker" in den Ohren englischsprachiger Fußballfans einen eher ruppigen, gewöhnungsbedürftigen Namen hat (schließlich bedeutet „to kick" mehr treten als Fußball spielen), ist die denglische Zeile „Ein Jahr The Klopp" sehr gelungen: 1928 – als noch niemand an Jürgen Klopp dachte – entstand im Liverpooler Anfield Stadion für rund 20.000 Besucher die größte Stehplatztribüne- und sie trug den Spitznamen „The Kop". Obwohl mittlerweile in eine Sitzplatztribüne umgewandelt, hat sie ihren legendären Ruf als Block für die leidenschaftlichsten aller britischen Fußballfans nicht verloren.

Sprachpampe

Wenn ich fünf Bananen, drei Äpfel, ein Viertel Deutsch, zwei Viertel Englisch und sogar ein Stückchen Latein nehme, ist das dann Schmu? Si!

Wer ist denn das?

Keine Frage: Der Mann für den starken Rücken! Doch was soll das ganze Brot?

Should
I not go ...

230

... or should I go?

Coffee TO NO GO

Die berühmte Zeile der Punkband
„The Clash" lautete: „Should I stay or
should I go?" Sie war wie ein Gedicht
für die Kaffeesucht von heute!

Wort-kreationade

Ein typischer Fall von Sprachkonstruktivismus. Meist ohne Absprache mit den Muttersprachlern. Ein ähnlicher Fall wie „prepone" neben „postpone".

Remind me, wo I'm from

Inmitten unserer englischsprachigen Kommunikation vergessen wir manchmal, dass wir jemals eine andere Sprache gesprochen haben. Die Dropbox erinnert uns.

Drop your file to Hochladen in Ihre Dropbox

BILD-INTERVIEW WITH TRAVIS KALANICK

Threatens us another internet-bubble, Mr. Uber?

von: **JAN W. SCHÄFER**
07.06.2016 - 23:30 Uhr

The BILD-interview with the uber-boss about his controversial start-up, which wants to to revolutionize car-driving.

BILD: Will we still own cars in ten years' time – or will we just rent them when we need them?

Travis Kalanick: „The crucial point is what is cheaper for the consumer. For many people, it is becoming more and more expensive to own a car. So they can save a lot of money if they, for instance, use Uber and only pay when they are actually driving. The number of car owners will therefore go down significantly over the next ten years."

BILD: At which point is it worth selling one's car and completely switching to hiring?

Englisch-Grundkurs

Heute: Richtigfragen

Die Redaktion der *Bild*-Zeitung hat

eine besondere Art, Englisch zu lernen –

sie befragt einfach berühmte Leute aus

der englischsprachigen Welt. Leider

geht das so nicht. Englisch wäre:

„Do you fear another internet bubble?"

Die Sexting-Experten

Hier möchte ich dem Schaumweinhersteller den Hashtag #thinktwicebeforeyougodenglisch ans Herz legen: Oder hat er im Ernst an „champagne sex" gedacht? Was das ist? Will ich hier nicht erklären.

Gibt es das auch für Schlaubis?

Dieser Buchtitel erfordert keinen Kommentar. Er ließe sich nur rechtfertigen, wenn der Texter selbst ... ach, lassen wir das.

Sag mal einen Witz mit „Fuck"

FUNK YOU PEOPLE

Das Spielchen ist beliebt in der Markenwelt – vielleicht erinnern Sie sich noch an die Modemarke „French Connection UK", die sich „FCUK" abkürzt. Im Berliner Bikini-Haus ist jetzt ein neues Wortspiel zu Hause, und zwar in Form eines Imbisses für superhealthy Superfood. Durch ein riesiges Fenster kann man von dort auf die Affen im Zoo schauen und sich einbilden, dass sie uns laut und kräftig zurufen: „Fuck you! Vergesst Smoothies und vegane Sandwiches. Esst Bananen. Und guckt nicht so doof!"

Oh, what a Peeling!

Die Deutschen lieben es: das Peeling. Übersetzt bedeutet es das Wegschälen von Haut. (Oder einer Fruchtschale.) Also ein Pseudoanglizismus. Verständlich ist „Exfoliation".

Fehlstart

Berlin soll ja eine Hauptstadt der Start-ups sein. Wer allerdings in den Tag startet, bezeichnet das — jedenfalls auf Englisch — immer noch als „start". In dieser frisch gebrühten und gebackenen Variante ist es nicht mehr als ein „hiccup": ein Sprachunfall!

Ein Karton voll Hintern

Das Gute: Diesmal sind es nicht die Bäcker, und der Inhalt hat auch nichts mit „Backen" zu tun. Wir betrachten lediglich die Rückseite eines Kartons mit Sprühsahne. Das Schlechte: Man sagt nicht „back side". Vor allem nicht in England. Dort bedeutet es „Hinterteil".

244

Der Übersetzer muss draußen bleiben

Das sprachliche Unwissen der Universität Greifswald hat in den sozialen Medien viele Kritiker angelockt. Das Schild ist mittlerweile ausgetauscht worden.

* Im Hamburger Hotel Atlantic kursieren einige
Gerüchte, warum Englisch-Land auf dem Teppich
vergessen wurden. Ich will mich nicht an ihrer
Verbreitung beteiligen. Fest steht für mich nur:
Wer wirklich hofft, dass Englisch bei uns in Zukunft
eine kleinere Bedeutung spielen wird, befindet sich
nicht auf dem Fußboden der Tatsachen!

DANK

Mein besonderer Dank gilt den wachen Augen
vieler Leserinnen und Leser meiner Buchreihe
„The Devil lies in the detail — Lustiges und
Lehrreiches über unsere Lieblingsfremdsprache",
meiner Kolumnen „Der Denglische Patient" auf
n-tv.de und *Spiegel Online* sowie „Was mit
Englisch" u.a. im *Medium Magazin*. Ihre Anregun-
gen in Form von Fotografien haben mich zu diesem
Buch inspiriert — und ich habe sie hier zu einem
Teil veröffentlicht.

Von Herzen danke ich Dörthe Littger und Steffi
Seif für ihre Anregungen sowie Dr. Michael
Goldmann für unbezahlbaren Rat.

Hervorheben möchte ich auch Alessa Brings,
Irwin Collier, David Erler, Michael Hecker,
Anke Lepthien, Joe Miller, Chris White, Wolfgang
Ritschl und Vassilios Theodossiou. Darüber hi-
naus danke ich den Unternehmen Wall AG, Bahlsen
GmbH, Berliner Stadtreinigung, Berliner Bäder,
Zentrale Raiffeisenwerbung Wien, Salzburger
Flughafen sowie dem Atlantic Hotel in Hamburg —
auch im Namen meines Sohns Anton — für eine
herrliche Begegnung mit Udo Lindenberg auf dem
unenglischsten aller Teppiche.[*]

BILDNACHWEIS

S. 6 „Come Inn": Peter Littger

S. 8 „Rail & Fresh WC": Peter Littger

S. 9 WM life: Stefan Rzepka

S. 11 „Take bio, go lucky": Peter Littger

S. 12 „Kamm Inn": Winnes Rademächers

S. 15 „Neid Rider": Peugeot Austria; https://
derstandard.at/1331206746891

S. 17 „Soak up some Engish": Martin Karraffa

S. 18 Pizza Hut: Peter Littger

S. 18 Pizza Hut: Ed! (Wikipedia User). Creative
Commons Lizenz 3.0. Ohne Änderungen.

S. 20 Happy End: Anke Lepthien (alle Bilder)

S. 22 Fucking Hell: Stefan Fellenberg (alle Bilder)

S. 24 „Not-Stop": Olaf Selke

S. 26 „Betriebsende": Peter Littger

S. 28 „Bio Company": Peter Littger

S. 30 „Scheune": Peter Littger

S. 31 „Schlossshop": Peter Littger

S. 32 „Nametagrückgabe": Peter Littger

S. 34 „Break Glass": Björn Groß

S. 36 „… a good improvement!": Vassilios Theodossiou

S. 38f. „Dinkelsbühl": Peter Littger

S. 40 „No Kreditkards": Lorén Sombetzki

S. 42 „We driven Sie home …": Peter Littger

S. 43 „Emperor's Nonsense …": Joe Miller

S. 44 „No Drinkwater": Daniel Winter

S. 46 „Outdoor- & Genussregion": Landkreis Nürnberger
Land

S. 47 „Keb'up": Peter Littger

S. 48 „Denim/Young Fashion/Strick": Peter Littger

S. 50 „Potatobrötchen": Peter Littger

S. 51 „Squirrel": www.derwesten.de/panorama/warum-
eine-baeckerei-in-sachsen-versehentlich-eichhoern-
chen-verkauft-id211009637.html Twitter: https://
bit.ly/2Naqy2X

S. 52 „Merkel: horny and unpatriotic": www.welt.de/
politik/deutschland/article170960258 (übersetzt in
Google Chrome mit Google Translate)

S. 54 „Gerupfte Sau": Peter Littger

S. 55 „stuff only": Kai Kriss

S. 56 „Heimat shoppen": www.heimat-shoppen.de

S. 58 „Don't spring from the margin!": Berliner Bäder

S. 60 „Vietnamese healthy kitchen": Peter Littger

S. 62 „Guest machine": Peter Littger

S. 63 „Wormland": Peter Littger

S. 64 „Call & Surf Comfort Via Funk": https://tarife-
und-produkte.t-online.de/call-surf-comfort-via-funk-
schnelles-surfen-ohne-dsl-anschluss/id_61168382/index

S. 65 „Please only paper smashing!": Joe Miller

S. 66 „No way!": Todd Buell

S. 67 „Change is possible": Joe Miller

S. 68 „please go through": Richard Offermann

S. 69 „… die Kursfee!": Peter Littger

S. 70 „New Kammer": DIHK

S. 71 „best in energy performance": Peter Littger

S. 72 „We separate for you!": Joe Miller

S. 74 „Pfandkeg": Peter Littger

S. 75 „Orang Juice": Johanna Littger

S. 76 „We hawe an Eglish menu": David Erler

S. 77 „Privat Event": Hawk von Hawkington (@falken-schalk)

S. 78 „Hand Spinner": Peter Littger (alle Bilder)

S. 80 „Hackbaron": Alessa Brings

S. 82 „Open Bar": Peter Littger

S. 83 „godspot": Peter Littger

S. 84 „Last passenger button": Peter Littger

S. 86 „Non Stop Happy Hour": @alex18000

S. 87 „please keep off the ice surface": Irwin Collier

S. 88 „Please keep personal space": Irwin Collier

S. 90 „Damen-Bootie": Irwin Collier

S. 91 „All for small discount": Peter Littger

S. 92 „… this area is monitoring …": Peter Littger

S. 93 „Him Cake": Peter Littger

S. 94 „… hinterland transportation": Christoph Belling, www.fotograf-hamburg.de

S. 96 „Main Back": Peter Littger

S. 97 „Ameican Rumsteak": Michael Goldmann

S. 98 „Deutsch to go": Peter Littger

S. 99 „Handy Agent": Peter Littger

S. 101-103 „Leibniz-Cakes": Bahlsen GmbH & Co. KG (alle Bilder)

S. 104 „Bad Design": „Bad Design": www.bt.de, Produktfoto (unten)

S. 106 „s-ihr-vice": Peter Littger

S. 107 „Superkühl": Peter Littger

S. 108 „Top Ass": Peter Littger

S. 110 „Pink Box": Peter Littger

S. 111 „Big Willy": Peter Littger

S. 112 „fairplay on the autobahn": Peter Littger

S. 114 „Freie Denglische Partei": FDP

S. 115 „Deutschland Update": FDP

S. 117 „Good Weibs für Wien": Salzburger Nachrichten:
www.sn.at/politik/innenpolitik/good-weibs-fuer-
wien-spoe-kampagne-polarisiert-2708383

S. 118 „Back Factory": Peter Littger (alle Bilder)

S. 120 „Back Family": Peter Littger

S. 121 „… appel jelly": Peter Littger

S. 122 „Back & Snack": Peter Littger

S. 122 „back-drive": Anke Lepthien

S. 123 „Snackkraft": Anke Lepthien

S. 124 „Star Dreck": Berliner Stadtreinigung

S. 125 „The embassy of clean Berlin": Peter Littger

S. 126 „Leer Force One": Peter Littger

S. 128 „We kehr for you": Berliner Stadtreinigung

S. 129 „keep Kohl!": ACDP Archiv für Christlich-Demo-
kratische Politik; Konrad-Adenauer-Stiftung;
Creative Commons Lizenz 3.0. Ohne Änderungen.

S. 130f. „Hotel Berlin, Berlin. Stay individual":
Peter Littger (alle Bilder)

S. 132 „Airside": Vassilios Theodossiou

S. 133 „How up do high knee!": Peter Littger

S. 134 „Pinats": Peter Littger

S. 135 „Peanut Flips", „Big Erdnuss Flippies": Peter
Littger

S. 136 „Kartoffel Rings": Produktfoto

S. 137 „Make you on the socks!": Peter Littger

S. 138 „Ich parshippe jetzt!": Peter Littger

S. 139 „einweisair", „sanitätair" etc.: Salzburger
Flughafen GmbH (alle Bilder)

S. 140 „Slimhot-Berlin": Peter Littger

S. 141 „Wirbliche Badewanne": David Erler

S. 142 „I must to the bank": Zentrale Raiffeisenwerbung Wien

S. 143 „Steak's & More": Peter Littger

S. 144f. „E-Nail", „Star Nail's": Peter Littger; „Altonails": Alessa Brings

S. 146 „Klassik airleben": Peter Littger

S. 147 „VfL-Fanshöpchen": Peter Littger

S. 148 „Speis' Girls": Peter Littger

S. 150f. „Baby Shooting": Screenshots (sic); „Wir shooten alles": Peter Littger

S. 152 „NYT - Discounter": Peter Littger (alle Bilder)

S. 154f. „If in dought …"; „Rum Trader": Peter Littger (alle Fotos)

S. 156 „the hotel different": Hotel Chelsea Köln

S. 158f. „Two Hands for Kids": Peter Littger; „Dirt-Free": anonym

S. 160 „Bee to Becher": Peter Littger

S. 162 „Goldbears": Peter Littger

S. 163 „Sex, Drugs & Rosenkohl": Uti Johne

S. 164 „Ei care": Peter Littger

S. 165 „Einweg sucks!": Peter Littger

S. 166 „Schoget it!": Peter Littger

S. 167 „shoesenkel": Peter Littger

S. 168 „Don't feed the rats!": Peter Littger

S. 169 „Soup of the day: Coffee!": Alessa Brings

S. 170, 172f. Denglischer Netzplan Berlin: S-Bahn Berlin GmbH

S. 174f. „airdnuss" etc.: Daniel Fiene (alle Bilder)

S. 176 „Apfeltasche": Peter Littger

S. 177 „A heartful place …": www.rheinriverguesthouse.com

S. 178 „Restmüll": Alessa Brings

S. 179 „Have a nice day for ski": Richard Offermann

S. 180 Namibia: Andres Herbig

S. 182 „No Foto bitte": Peter Littger

S. 184 „… up 6,-": Peter Littger

S. 185 „Nach mir die Ginflut": Peter Littger

S. 186 „Wenn aus online offline wird": Peter Littger

S. 188 „Bodychange": Peter Littger; Produktfotos

S. 189 Balea: Peter Littger

S. 190 „Parking for Mitarbeiter only": Andrea Rommel

S. 192 „Beware of your wardrobe": Joe Miller

S. 194, 196f. Straßenscrabble: Peter Littger (alle
Bilder)

S. 198 „… Domewing": Irwin Collier

S. 200 „Born to Rogg!"; „RoggStar": Johanna Littger

S. 202 „Bread, Pit!": Peter Littger

S. 203 „Puttin' on the Fritz": Joe Miller

S. 204 „RBB and chill": Peter Littger

S. 206 „Bad news are good news": Joe Miller

S. 207 „cityflitzer": Peter Littger

S. 208 „Crum, Crum, Crum": Joe Miller

S. 210 „Obi": Peter Littger

S. 211 „Becher to bring": Richard Offermann

S. 212f. „Haar Haar!": Peter Littger (alle Bilder)

S. 214f. „Nairfairai": Peter Littger (alle Bilder)

S. 216 „Wir sind New York": Peter Littger; Wall AG;
S. 217 Peter Littger

S. 218 „Please take the bell!!!": Wolfgang Ritschl

S. 220 „Das creative Hobby": Peter Littger

S. 221 „what do you fancy love?": Peter Littger

S. 222f. „Café Merryland": Peter Littger

S. 224 „Glück to go": Peter Littger

S. 225 „Mad in Berlin": Peter Littger

S. 226 „Kicker": Produktfoto

S. 228 „Bed & Breaksaft": Peter Littger

S. 229 „Backtrainer": Peter Littger

S. 230 „Kaffee to Go ohne Becher": Peter Littger

S. 231 „Kaffee Go + Brötchen": Peter Littger

S. 231 „Coffee to go & to stay": Alessa Brings

S. 232 „Coffee to no go": Peter Littger

S. 232 Kaffee hier, oder auch to go!": Peter Littger

S. 233 „Süß am Zoo": Peter Littger

S. 234 „Precycling": David Erler

S. 235 „Drop your file to Hochladen …": Peter Littger

S. 236 „Threatens us …": BILD Online: www.bild.de/
geld/wirtschaft/bild-international/interview-with-
uber-founder-46181878.bild.html

S. 238 „I wanna have Sext with you": Alessa Brings

S. 239 „Schlaganfall für Dummies": Peter Littger

S. 240f. „Funk you": Peter Littger (alle Bilder)

S. 242 „Peeling": Peter Littger

S. 243 „Startup für einen tollen Tag": Peter Littger

S. 244 „Back Side": Chris White

S. 245 „Personnel Input": Twitter: https://bit.ly/
2x8U4vi

S. 246 „Wo ist Englisch-Land?": Peter Littger

2 —

Everything in the green area with your English?

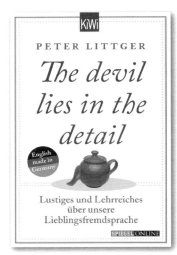 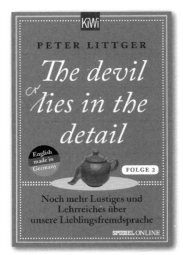

Fluent English – das können wir doch alle! Oder etwa nicht? »Not quite«, wie es die Engländer ausdrücken würden, um uns dann vorsichtig darauf hinzuweisen, dass die Rückseite eines Buchs nicht »backside« genannt wird. Denn das bedeutet »Hintern«! Der englische »Moonshine« ist ja auch kein Mondschein, sondern Unsinn – oder Schnaps. Wenn Sie jetzt etwas Nachholbedarf verspüren, dann sind diese Bücher für Sie goldrichtig.

»Again what learned – nützlicher als jeder Reiseführer«
Benedikt Taschen

Leseproben und mehr unter www.kiwi-verlag.de